金融機関論・政策論講義ノート

Version3

目次

金融機関論

01	日本の金融機関 (1)	2
02	日本の金融機関 (2)	4
03	戦後日本の金融構造	6
04	金融空洞化	8
05	バブルと金融機関	10
06	不良債権処理	12
07	不良債権問題	14
08	金融ビッグバン	16
09	破綻処理	18
10	金融再生	20
11	地域密着型金融	22
12	金融規制とバブル	24

金融政策論

01	日本銀行	26
02	発券銀行	28
03	政府の銀行	30
04	決済システム	32
05	プルーデンス政策	34
06	金融政策と金利誘導	36
07	金融調節	38
08	金融政策の波及効果	40
09	金融政策の運営	42
10	量的緩和政策	44
11	金融危機と金融政策	46
12	異次元金融緩和	48
13	バブルと金融政策	50

01. 日本の金融機関 (1)

[1] 預金取扱金融機関

<u>(1) 銀行</u>
- 三大業務
- 19種の付随業務

<u>1) 都市銀行</u>
- 大都市に本店、全国に店舗網を展開
- 国際業務、役務取引収益拡大に力

<u>2) 地方銀行</u>
- 「主たる営業基盤が地方的なもの」
- 沿革は多様、都道府県の指定金融機関

<u>3) 第二地方銀行</u>
- 無尽講→明治：無尽会社（掛金→抽選→割賦）
  　→戦後：相互銀行→第二地方銀行

<u>4) 外国銀行・その他銀行</u>
- 外国銀行支店、ネット系、流通系、破綻関連、
  その他（シティバンク、ゆうちょ等）

<u>5) 信託銀行</u>
- 金融機関の信託業務兼営に関する法律
- 銀行業務
  ＋金銭・貸付・投資・年金・土地・遺言信託
  ＋不動産仲介・証券代行等（付随業務）

<u>(2) 銀行持株会社</u>
- 銀行を子会社とする持株会社
- メガバンク系、新規参入系、地銀経営統合系、日本郵政

<u>(3) 信用金庫</u>
- 非営利・非公開、国民大衆の金融円滑、受信制限・与信制限

<u>(4) 労働金庫</u>
- 非営利・非公開、労働者の金融円滑・地位向上、受信制限・与信制限

<u>(5) 信用組合</u>
- 非営利・非公開、組合員の相互扶助・地位向上、受信制限・与信制限

(6) 系統中央機関
- 同業態の協同組織金融機関が出資、加盟
- 決済、資金需要の調整、資金運用を行う
- 農林中央金庫、労働金庫連合会、信金中央金庫、全国信用協同組合連合会等

(7) 兼営信託金融機関
- 兼営法により信託業務の兼営の認可を受けた金融機関
- 都市銀行、その他銀行、地方銀行、系統金融機関等が認可を受けている

[2] 無尽業者
- 定期的に掛金→抽選・入札→すべての加入者が順番に給付を受ける
- 1951年相互銀行法→一社を除いて全てが相互銀行に

[3] 代理業者
- 契約の締結の代理又は媒介
- (例) 預金、貸付け、手形割引、為替取引
- 他に郵便局銀行、信用金庫、労働金庫、信用組合代理業がある

[3] 保険会社等
(1) 保険会社
- 保険金を支払いを約し→保険料を収受する
- 1) 生命保険、2) 損害保険
- 相互会社→契約者、損益の帰属

(2) 保険持株会社
- 保険会社を子会社にもつ持株会社
- 銀行業、資金移動業、証券専門会社などを子会社にできる
- 損保系、新興系、外資系、日本郵政

(3) 少額短期保険業者
- 保険金額・保険期間・資産運用制限
- 生損保兼営可、最低資本金が少ない

(4) 認可特定保険業者
- 無認可共済…特定の者に保険類似商品
- 制度共済…根拠法・所管庁あり
- 無認可共済→保険・少額短期保険・認可特定保険業に

(5) 保険仲立人
- 保険会社から独立し、顧客に最適な保険を
- 保険契約の媒介を行う
- 顧客からの指名状によって権限を得る

02. 日本の金融機関 (2)

[1] 信託会社
(1) 運用型信託会社
- 受託者自らの判断で信託財産の運用や処分
- 最低資本金1億円
- 信託業務、兼業業務(個別に承認を受ける)

(2) 管理型信託会社
- 委託者の指図により信託財産の管理または処分を行う信託
- 最低資本金5000万円
- 管理型信託業務、兼業業務

[2] 金融商品取引業者等
(1) 金融商品取引業者
- 金融商品取引法
- 総資産1兆円を超えるものについては特別金融商品取引業者として届け出る必要あり
- 4種の免許がある。

1) 第一種金融商品取引業
- 第一項有価証券の売買・媒介・代理、募集
- 市場・店頭デリバティブ取引の委託媒介・代理、募集
- 有価証券の引受け
- PTS(私設取引システム)業務
- 有価証券等管理業務(金銭、有価証券)

2) 第二種金融商品取引業
- 第二項有価証券の売買、媒介・代理、募集

3) 投資助言・代理業
- 投資顧問契約に基づく助言
- 投資顧問・一任契約締結の代理・媒介

4) 投資運用業
- 投資信託運用業
- 資産運用業
- ファンド運用業

(2) 登録金融機関
- 一定の範囲内で(1)同様の行為を業として行うことがてきる
  (投資助言・代理業、国債等の売買、引受け、有価証券の募集又は私募など)
- 証券会社以外の金融機関が登録

(3) 金融商品仲介業者
- 売買・募集・売り出しの媒介
- 契約の締結の媒介

(4) 証券金融会社
- 免許制
- 信用取引の決済に必要な資金・株式の貸付
- 公社債の引受・売買に必要な短期資金の貸付
- 有価証券担保貸付

(5) 登録投資法人
- 資産を特定の資産に投じる法人
- 投資口・投資主(株主)・執行役員(取締役)

(6) 適格機関投資家等特例業者
- 届出のみでファンド業務が行える業者
- ファンドを組成する投資家の構成に制限
- 適格機関投資家1名以上・一般投資家49名以下で組成

[3] 金融会社

(1) 貸金業者
- 金銭の貸付けを業として行うもの。要登録
- 銀行借入、株式、社債・CPで資金調達
- 消費者金融、事業者金融(商工ローン)、クレカ会社、リース、抵当証券業、その他

(2) 前払式支払手段発行者
- 提示等することで物品・サービスの提供を受けられる証票等を有償で発行する業者
- (例外) 有効期限が6ヶ月以内のもの、乗車券、入場券、食券
- 発行者に対してのみ、第三者に対しても使用

(3) 資金移動業者
- 銀行等以外で為替取引を業として営むもの
- 送金途中・滞留資金の100%を資産保全
- 営業店型、インターネット型、カード型、証書型

(4) 特定目的会社
- 特定資産の流動化のために設立される法人
- 資産が生むCFを原資→証券を発行し流動化
- 資産流動化計画を届け出る必要あり
- 配当金は損金に算入できる

(5) 電子債権記録機関
- 電子債権の記録原簿を備え、記録や開示を行うことを業とする機関
- 手形のコスト、リスク、その他問題を克服する決済手段として登場
- 窓口金融機関を通じて利用ができる

03. 戦後日本の金融構造

[1] 時代背景

①高度経済成長
- 投資機会↑・法人税↓・資金調達コスト↓→投資主導型経済成長
- 円相場↓・技術力↑→輸出主導型経済成長
  - →成長→賃金↑・納税↑→内部資金蓄積できず

GDPに占める部門別支出比 (1966-70)

	日	米	英
個人	58.8%	65.7%	64.7%
企業	22.7%	11.5%	8.6%

(資料)鈴木(1974)28ページ

②人為的低金利政策
- 資金不足→預金金利上昇→銀行経営不安定化
- （対策）臨時金利調整法（1947年）
- 公定歩合↓→銀行費用↓→経営安定化
- 貸出金利↓→収益↓→歩積預金を要請

主要国金利の比較(1962-71、%)

	日	米	西独
公定歩合	5.992	4.445	6.143
市場金利	7.716	4.756	5.09
預金金利	2.55	4.85	4.107
貸出金利	7.182	6.162	7.383

(資料)鈴木(1974)40～41ページ

- 銀行→企業（金利7％） 1000億円
- 50％を歩積預金（金利3％）
- 実効貸出金利は？

③金融の非国際化
- 「撹乱的な短資移動→国民経済の混乱」防止
  - ←外国為替及び外国貿易管理法（1949年）
- 内外資本取引・外国為替業務・外貨建て取引を制限

[2] 4つの特色

(1) オーバーローン

1) 与信超過
- 都銀が恒常的に与信超過状態にあること
- 投資・輸出主導型経済成長→旺盛な投資需要
- 貧しい国民生活→貯蓄不足

2) 日銀借入依存
- 都銀が恒常的に日銀借入に依存していること
- 国家レベルでの資金不足
- 抑制された金利
- 金融の非国際化→ユーロダラー取入＆円転規制

総資本に占める日銀借入金の比率

	1945	46	47	48	49	50	51
都銀	29%	28%	14%	13%	13%	19%	25%
地銀	4%	2%	2%	2%	5%	7%	2%

(資料)鈴木(1974)10ページ

(2) オーバーボロイング
- 企業部門の資金調達において銀行借入比率が高いこと
- 高度成長＆低金利政策
- 労働コストの増大→内部資金の蓄積不十分
- 貯蓄不足

企業部門資金調達の構成(1966-70、%)

	内部資金	外部資金	借入	債券
日	40	60	49	11
米	69.4	30.6	12.4	18.2
英	51.4	48.6	10.3	38.3

(資料)鈴木(1974)13ページ

(3) 資金偏在
- 「都銀は資金不足＆その他は資金余剰」が固定化
- 投資・輸出主導型経済成長→都銀に資金需要集中
- 都銀資金不足・その他資金余剰→コール市場で調整
- 国家レベルでの資金不足→市場で調整しきれず

(4) 間接金融優位
- 金融仲介において間接金融の比重が高いこと
- 低コストで資金調達 (日銀信用、少額貯蓄非課税制度)→低利で融資
- 低コストで資金調達→家計からの資金集め優位に
- 貯蓄不足→資本市場未発達＋規制

[3] 金融監督行政
(1) 護送船団方式
- 金融恐慌→弱小金融機関の破綻・預金カット→社会不安→戦争
- 分業・規制→競争力の弱い金融機関が落伍させない
- 軍艦など武装された船に護衛されて航行する商船や輸送船の船団
　→最も遅い船を遅れさせない航行速度で進む

(2) 業際規制
- 利益相反防止・優越的地位濫用防止・財務健全性確保
- 長短…(1) 長期信用銀行法・貸付信託法　(2) 行政指導
- 銀信…(1) 証券取引法→経営悪化　(2) 兼営指導
- 銀証…証券取引法 (他の金融機関の証券業務の兼営禁止)

(3) その他規制
- 店舗規制 (大蔵省銀行局長通達)
- 金利上限規制 (臨時金利調整法、政府・日銀)
- 内外分断規制 (外国為替為替及び外国貿易管理法)
- 「破綻」処理 (救済合併→銀行を潰さない)

(参考) 分業崩壊・規制緩和
- 長短行政指導撤廃 (1995)、規制緩和 (1999)
- 銀信・銀証…相互参入可能に←金融制度改革法 (1993)・独占禁止法改正 (1998)
- その他…店舗 (1997)、金利 (1994 ～当座のみ)、内外 (1998)

04. 金融空洞化

[1] 低成長経済への移行
(1) 低成長化
- 高度経済成長期 (1954-73、9.1％) →低成長期 (1973-90、4.1％)
- ニクソン・ショック (1971.8) →「変動相場制→円急騰」→輸出産業に打撃
- オイル・ショック (1973.10) →狂乱物価→金融・財政引き締め→成長率低下

(2) 低成長の負担転嫁
- 低成長→生産能力過剰に→倒産・整理
- 財政出動→企業売上↑＝過剰資本解消
- 日本列島改造論・福祉国家構想→財政赤字の膨張

(3) 財政赤字の累積
- 財政出動→投資拡大→国民所得増→税収増→赤字解消
- 低成長→財政出動でも投資停滞→国民所得・税収増えず
  →プライマリーバランスの赤字化 (1975-85) →財政赤字累積

(4) 銀行離れ (disintermediation) の進行
- 狂乱物価 (1974、CPI上昇率23％) →金融引締め→銀行貸出減
- 低成長化→設備投資鈍化→借入れ抑制・株主資本比率引き上げ
- 企業の銀行借入離れ→銀行の収益基盤の縮小→破綻・再編

[2] 赤字拡大と金融活況
(1) 2つの「コクサイ」化
- (高) 均衡財政→(低) 財政赤字の拡大＝国債大量発行＝金融の国債化
- (高) 内外分断規制→(低) 外為自由化→対外投資の拡大＝金融の国際化

(2) 財政赤字と金融活況
- 国債大量発行＋市中売却制限解除→国債流通市場形成
- （証券会社）→資金需要拡大→債券現先取引
- （銀行）→自由化要求→自由金利商品発売

(3) 双子の赤字と金融活況
- 国際化① 対米投資拡大 (1977→84：16倍)
- (70S) 米貿易赤字→ドル下落圧力→高金利政策→日米金利差拡大
- (80S) 米財政赤字→金利上昇→日米金利差拡大

(4) 途上国の赤字と金融活況
- 国際化② 対ラ米投資拡大 (1977→83：6.6倍)
- ラ米：工業化→輸入増→貿易赤字→外貨不足
- 日本：対日投資拡大＋貿易黒字→銀行に外貨蓄積→協調融資

[3] 金融自由化の進展

(1) 金融自由化＝新商品の登場
- 企業の銀行依存低下→自由な資金運用が可能に→銀証の資金獲得競争
  →規制緩和要求→金融自由化→新しい金融商品の登場
- (銀行)CD　(証券)中期国債ファンド　(信託)ビッグ　(長銀)ワイド

(2) 金融自由化＝分業崩壊
- 低成長＝資金余剰→収益減→収益基盤拡大を
- (大手銀)→証券業務、長期・中小・個人向け貸出へシフト
- (中小銀)→国債・地方債での資金運用
- (長信銀)→短期金融へ

(3) 金融自由化＝金融市場の多様化
- 高度成長期：家計→大銀行→大企業
- 金融自由化…市中売却制限解除、起債条件緩和、時価発行解禁
- 低成長期：家計・企業→国債・社債・株式・オープン市場

[4] 金融収益の「空洞化」

(1) 金融収益の中身
- 資金余剰部門→→→資金不足部門
  - (企業)生産拡大→利潤拡大
  - (政府)財政出動→税収拡大
- 資金余剰部門←←資金不足部門

(2) 金融収益の空洞化
- 低成長化→消費性向低下→乗数効果低下→税収伸び悩み→政府債務累積
  ＝新しい借金で古い借金を返済
- (例) 政府←(90)←A、A←(100)←B、B←(110)←C
- 金融収益＝移転した所得の差額

(3) 政府債務累積と弊害
  ① 国債を巡る所得移転に資金が固定化
  ② 国債費増→財政政策の機能低下
  ③ 国債増発→金利急騰の可能性

[5] 「空洞化」とその後

- 金融自由化→金融ビッグバンで完成
- 金融活況…赤字拡大→資産インフレ
- 金融収益の空洞化…国債→株式・土地
- 政府債務累積…日銀を巻き込み進行中

05. バブルと金融機関

[1] 円高不況からバブルへ
(1) 円高不況
- (米国) 二度のオイル・ショック→インフレ→高金利政策
  →貿易不均衡拡大・経済低迷・双子の赤字→過度のドル高是正の必要性
- プラザ合意 (1985.9.22、日米英独仏)…協調介入→対ドル相場の切り上げ
- 合意翌日 (1ドル235→215円)、1年後150円台に→円高不況

(2) 円高不況前後の経済政策
- 金融緩和政策 (1985) 6%→2.5%に
- アーバンルネッサンス計画 (83)…容積率緩和
- 首都改造計画 (1985)…情報化・国際化→オフィス需要高まる→5000ha不足 (東京)
- 総合保養地域整備法 (1987)…開発許可の弾力化、税優遇、金利優遇
- 電電公社民営化 (1985.4)→上場 (1987)→株価急騰

(3) バブル経済の生成・膨張
1) 資産インフレ
① 地価・株価上昇
→② 土地・株式売買益増
→③ 土地・株式需要拡大
→① に戻る

2) 経済成長
→① 消費・住宅投資拡大
→② 設備投資拡大
→③ 雇用増・賃金増
→① に戻る

ゴッホ「医師ガジェの肖像」
ルノアール「ムーラン・ド・ラ・ギャレット」
シアトルマリナーズ (任天堂)
ロックフェラーセンター (三菱地所)
コロンビアピクチャー (ソニー)
ユニバーサルスタジオ (松下電器)

[2] 止まらないバブル1
(1) 供給面の制約
- 商品価格上昇→商品供給増→商品価格低下
- 土地価格上昇→土地供給増→土地価格低下
- 株式価格上昇→株式供給増→株式価格低下

(2) 法人資本主義
- 法人同士で資本を相互に持ち合う企業経営のあり方
- 安定株主を形成　→買収防止、長期的視点での経営が可能に
- 流通株式数が制約→業績に関係なく株価が高水準に

(3) メインバンク制
- 企業が主力取引銀行と長期的に密接な関係を築く
- 経営内容に関する情報を提供し、経営指導を受ける
- 経営悪化時は役員派遣や追加融資など支援を受ける
- 企業が借入からエクイティ・ファイナンスへ

(4) 潜在株式による資金調達
- 株価上昇→転換社債・ワラント債の発行増
- 転換社債…株式に転換できる権利が付された社債
- ワラント債…株式を取得できる権利が付された社債
- 潜在株式による調達→株式の希薄化回避

[3] 止まらないバブル2

(1) 需要面の制約
- 商品価格上昇→商品需要減→商品価格低下
- 土地価格上昇＝投資金額増→土地需要減→土地価格低下
- 株式価格上昇＝投資金額増→株式需要減→株式価格低下

(2) 積極的な貸出行動
- (都市銀) 大企業向け融資減→3業種向け融資、長期金融、中小企業向け融資
- (長信銀) 長期金融→3業種向け融資
- (中小銀) 中小企業向け融資→特定金銭信託＆指定金外信託で運用

(3) 金融緩和政策
- 景気過熱→金融引締政策→金利上昇→借入コスト増→投資減
- 1) 貿易不均衡→内需拡大要求→財政出動・金融緩和継続
- 2) ドル切り下げから暴落懸念→ドル防衛要求→ドル買い・円売り→金利低下圧力に

(4) 窓口指導の抜け穴
- 窓口指導(対都市銀行)＝金融政策を補完
- 資金計画を提出(四半期毎)→貸出増加許容額通知(日銀)
- 窓口指導の枠外での資金供給を拡大
  ①株式・社債の引受け、②インパクトローン、③ユーロ円インパクトローン

[3] 政策の転換とバブル崩壊

- 暉峻淑子「豊かさとは何か」(1989) →実感できない豊かさ
  - 東京圏の平均マンション価格＝平均年収＊8.9倍
- 1989.5 金融引締め政策へ転換
- 1990.3 総量規制
- 1991.5 地価税導入
  →逆資産効果・不良債権の発生→失われた10年

06. 不良債権処理

[1] 債務者区分
- 銀行が債務者の業績・財務内容に応じて、債務者を5つの区分に分類する

<u>(1) 正常先</u>
- 業績が良好であり、財務内容にも特段の問題がない債務者

<u>(2) 要注意先</u>
- 業況が低調・不安定であり、財務内容に問題がある債務者
- 以下の条件のいずれかを満たすものは「要管理先」に分類
    - 3ヶ月以上延滞債権・貸出条件緩和債権
- 以下の条件を満たす場合は「正常先」に分類
    - 創業赤字
    - 一過性の赤字であり、短期的に黒字化する見込みあり
    - 中小・零細企業の赤字

<u>(3) 破綻懸念先</u>
- 債務超過状態にあり、回収に重大な懸念があり、経営破綻に陥る可能性が大きい債務者
- 以下の条件をみたす場合は「要注意先」に分類
    - 経営改善計画あり
    - 計画終了後「正常先」になる予定
    - 他の取引金融機関も計画支援で合意
    - 支援内容が金利減免、融資残高維持にとどまる

<u>(4) 実質破綻先</u>
- 相当期間大幅な債務超過、再建の見通しがない、実質的な経営破綻状態にある債務者

<u>(5) 破綻先</u>
- 法的・形式的経営破綻の事実が発生している債務者
- 破産、清算、会社整理、会社更生、民事再生、銀行取引停止処分

[2] 引当（間接償却）
<u>(1) 貸倒引当金の算出</u>
- 債権額 x 無担保比率 x 倒産確率 ＝ 予想損失額
- 正常先・要注意先（今後1年分）・要管理先（今後3年分）…区分ごとに計算
- 破綻懸念先・実質破綻先・破綻先…債務者ごとに計算

<u>(2) 特徴</u>
- 引当金を積み、損失発生に備えるものの、債権債務関係そのものは継続
- （銀行）収益源確保（債務者）資金調達源確保
- 予想損失拡大の可能性

(3) 会計処理
(BS) 貸倒引当金　　　　(PL) 貸倒引当金繰入
(PL) 当期純利益▲　　　(BS) 当期未処分利益▲

[3] 直接償却
(1) 直接償却
- 銀行の貸借対照表から不良債権を切り離し、損失計上した上で消滅させる方法
- (直接償却の対象) 破綻懸念先・実質破綻先・破綻先
- 直接償却に伴って見込まれる損失を引き当てることができる

(2) 債権放棄 (私的整理)
- 不良債権の一部を銀行が放棄することで企業の再建を促し、残った債権を回収する方法
- 1) 経営再建計画に基づき、債権放棄を実施
- 2) 引当金がある場合、それを取り崩す
- 3) 引当金で相殺できない部分を損失処理

(3) 債権売却
- 不良債権の一部または全部を第三者に売却することによって債権回収を図る方法
  - 債権回収株式会社、整理回収機構、産業再生機構等
- 1) 不良債権を時価で売却
- 2) 引当金がある場合、それを取り崩す
- 3) 引当金で相殺できない部分を損失処理

(4) 法的整理
1) 民事再生法
- 債務者の範囲…個人、株式会社、その他法人も利用可能
- 経営陣…法律上、刷新の必要性なし
- 債権者…担保権は存続
- 債務超過状態でなくても申請可能

2) 会社更生法
- 債務者の範囲…株式会社のみ
- 経営陣…刷新の必要性あり
- 債権者…担保権が停止

3) 破産法
- 裁判所が破産管財人を選定
- 破産管財人が破産財団を換価
- 換価代金を原資として債権者に配当

07．不良債権問題

[1] 加速的か漸次的か
- 共通認識…不良債権が問題である
- 漸次的に処理すべき
- 加速的に処理すべき

(例)
- 当期純利益が100で不良債権120増の場合…
- (漸次的)貸倒引当金▲100 →貸倒引当金繰入＋100 →当期純利益▲100
  →当期未処分利益▲100　　　∴当期純利益・当期未処分利益 0
- (加速的)貸倒引当金▲120 →貸倒引当金繰入＋120 →当期純利益▲120
  →当期未処分利益▲120　　　∴当期純利益・当期未処分利益▲20

[2] 不良債権問題

(1) 資金不足問題
① (加速的)不良債権は銀行の資金不足を招く
- 不良債権発生→資金回収が停滞→資金不足
② (漸次的)そもそも銀行は資金不足ではない
- 資金不足→金融市場需給逼迫→金利上昇

(2) 収益力問題
① (加速的)不良債権発生→収益力低下
(例)預金1000(利率1％)貸出1000(利率2％)の銀行→3割が不良債権化
- ＜発生前＞収益20 - 費用10 ＝ 利益10
- ＜発生後＞収益14 - 費用10 ＝ 利益4
② (漸次的)不良債権処理→収益力回復
(例)3割の不良債権(貸出300)を直接償却→貸出700
- ＜処理前＞収益14 - 費用10 ＝ 利益4
- ＜処理後＞収益14 - 費用10 ＝ 利益4

(3) 経営資源の滞留問題
① (加速的)不良債権発生→経済活力の低下
- 処理せず→停滞産業が資金・雇用束縛→新産業・成長産業が育たない
② (漸次的)そもそも資源不足ではない
- 資金・雇用不足→金融市場・労働市場逼迫→金利・賃金上昇

[3] 不良債権「処理問題」

(1) 自己資本比率規制
- バーゼル銀行監督委員会にて監督指針の合意 (1988) ＝バーゼルⅠ
- 自己資本比率＝自己資本／信用リスク≧8%
- 自己資本比率＝(株主資本＋劣後債＋有価証券含み益)
  ／(対銀行＊20%＋住宅ローン＊50%＋対事業法人・個人＊100%) ≧ 8%
- 自己資本／貸出≧8% → 自己資本≧貸出＊8%
  → 貸出≦自己資本／8% → 貸出≦自己資本＊12.5

(2) 早期是正措置
- 4%以上8%未満　経営改善計画提出、実行命令
- 2%以上4%未満　資本増強計画、配当禁止、総資産圧縮・増加抑制、一部業務縮小
- 0%以上2%未満　選択・実施命令
- 0%未満　　　　業務の全部または一部停止命令

(3) 加速的処理の例
- 信用リスク100億円、自己資本8億円、不良債権処理損失2億円、当期純利益0円
- 加速的処理→自己資本2億円減
- 自己資本比率＝(8－2)／(100－2) ＝ 6.11…%→経営改善計画提出・実行命令

(4) 対応1(資本増強)
- 貸出額98億円＊8%＝必要自己資本額7.84億円
- 自己資本額6億円－必要自己資本額7.84億円＝自己資本不足1.84億円
  →第三者割当増資、公募増資

(5) 対応2(貸出抑制)
- 自己資本額6億円＊12.5＝貸出可能額75億円
- 貸出額98億円－貸出可能額75億円＝貸出余剰額23億円
  →貸し渋り、貸し剥がし

(6) 加速的処理と不良債権
- 加速的処理　→　自己資本比率低下　→　貸出抑制
  →　借り手企業の資金繰り悪化　→　倒産・業績悪化
  →　不良債権増

08. 金融ビッグバン

[1] 改革の概要
(1) 日本版金融ビッグバン
- 「我が国金融システムの改革〜2001年東京市場の再生に向けて」
- 金融システム改革→個人貯蓄をフル活用→成長産業へ資金供給→経済活性化
- 1996-2001年度の5年間→東京をNY・ロンドン並みの国際金融市場に

(2) 改革の3原則
1) Free (市場原理が機能する自由な市場)
- 新しい活力の導入
- 幅広いニーズに応える商品・サービス
- 多様なサービスと多様な対価
- 自由な内外取引
- 1200兆円の個人貯蓄の効率的運用

2) Fair (透明で信頼できる市場)
- 自己責任原則の確立のために十分な情報提供とルールの明確化
- ルール違反への処分の積極的発動

3) Global (国際的で時代を先取りする市場に)
- デリバティブなどの展開に対応した法制度の整備・会計制度の国際標準化
- グローバルな監督協力体制の確立

(3) 改革の内容1 (障壁の除去)
- 外国為替管理法改正（1998年）
  （①外国為替業務、②外国銀行への預金、③両替業務、④外貨建て決済）
- 子会社方式の相互参入
- 証券子会社、信託銀行子会社の業務規制緩和
- 銀行窓販の規制緩和
- 金融持株会社解禁 (独占禁止法9条改正)
- 銀行の普通社債による資金調達

(4) 改革の内容2 (調整の放棄)
- 価格調整＝競争制限→1) 過当競争抑制、2) 保険料負担の調整
- 銀行・証券・保険の参入促進
- 株式媒介委託手数料自由化
- 損害保険商品の価格自由化

(5) 改革の内容3(金融商品の多様化・自由化)
- 証券総合口座(MRF＋引落し・振り込み)解禁
- ラップ口座解禁
- 資産担保証券など債権等の流動化

[2] ビッグバンの必要性
(1) 3つの圧力
- 産業界…「国際化→為替の効率化」「直接金融シフト→証券市場改革」
- 外国…「国際標準に合わせた規制→参入障壁の低下」
- 金融業界(銀行)…「資金余剰→収益力低下」

(2)「資金余剰」の時代
- 資金余剰→金融システムの転換
- ①借入需要低迷
- ②証券流通市場の発達
- ①＆②→銀行の収益基盤の揺らぎ

(3) 3つの戦略
- 銀行離れ→3つの戦略
- ①国際化
- ②大衆化
- ③証券化
    →証券子会社設立、社債発行業務参入
    →証券子会社の業務全面自由化＆競争制限撤廃
    ＋保険業への参入自由化＆保険料率の調整廃止

(4) 銀行による「預金市場」の破壊
- 低成長(70'S)→資金余剰→借入需要低迷→分業崩し
- 従来の金融自由化とビッグバンの違い
- 預貸モデル→資産担保証券・証券総合口座
- 「預金→証券」を銀行が推し進める

(5) 銀行の「空洞化」
- 銀行本体の収益→金融グループ全体の収益
- 子会社方式、金融持株会社方式での他業態参入
- 多様な金融商品の銀行窓販

09. 破綻処理

[1] バブル崩壊後の課題

(1) 護送船団方式の破綻処理
- 軍艦など武装された船に護衛されて航行する商船や輸送船の船団
  → 最も遅い船を遅れさせない航行速度で進む
- 金融恐慌→弱小金融機関の破綻・預金カット→社会不安→戦争
- 金融機関が破綻状態に→救済合併
- バブル崩壊→不良債権問題→収益力低下＆処理損失拡大→赤字累積

(2) 処理コストの問題
- 不良債権問題→引当金増・償却増(貸出減)
- 破綻金融機関のBS…資産＜預金
- 「預金ー資産」＝処理コスト
- 預金者負担→救済金融機関

(3) 当面の課題への対処
- 国家による処理コストの引受←国民が大反対
- 処理方法確立せず…木津信＆兵庫銀(95) 拓銀(97) 破綻
- 預金全額保護を宣言(96)
- 救済金融機関を見出す(→[2](1)(2)(3))＆破綻銀行を出さない(→[2](4))

[2] 破綻処理方法の模索

(1) 不良債権の分離
- 破綻金融機関＝不良債権が多すぎる→救済金融機関が現れない
- 破綻金融機関から不良債権を分離する必要性
- 東京共和＋安全信用組合・住宅専門金融会社→整理回収銀行＋住宅金融債権管理機構

(2) 資金援助
- 公的資金で処理コストを穴埋め→救済金融機関を見出す
- ほとんどの銀行がこの手法で処理

(3) 公的管理
- 国が破綻銀行を管理→預金全額保護
- 日本長期信用銀行・日本債券信用銀行(金融再生法、1998)
- 石川銀行・中部銀行(預金保険法、2001・02)

(4) 資本増強
- 資本増強→自己資本不足解消→破綻回避
- 金融機能安定化法(98.3、21行)…1兆8156億円注入(19行)
- 早期健全化法(99.3-02.3、32行)…8兆6053億円注入(25行)

[3] 破綻処理方法の確立

(1) 預金保険制度 (1971)
- 金融機関が破綻した場合に一定額の預金等を保護するための保険制度
- 保険料：前年度の預金量＊保険料率
- 対象金融機関：銀行、長信銀、信金、信組、労金等
- 対象商品：預金、定期積金、金銭信託、金融債 (保護預り専用商品に限る)
- 保護範囲 (一金融機関一名義あたり)：
  (決済用預金) 全額、(その他対象商品) 元本1000万円＋利息
- 保険事故：預金払戻し停止、営業免許取消し・破産手続開始の決定

(2) 原則 (定額保護)
1) 保険金支払方式 (ペイオフ)
救済金融機関なし、信用秩序は維持できる
- ①保険事故発生　　　　　　　　　②事故通知・預金者データ提出 (金融機関)
- ③仮払金支払開始 (60万円／口座)　④保険金額計算・公告・支払通知
- ⑤支払請求 (預金者)　　　　　　　⑥保険金支払

2) 資金援助方式
- 救済金融機関と合併、事業譲渡、付保預金移転、買収が行える場合
- 資金援助…①金銭贈与　②資金貸付・預入　③資産買取　④債務保証
　　　　　　⑤債務引受　⑥優先株式引受　⑦損害担保
- 資金援助の上限＝保険金支払見込額＋保険金支払経費見込額－破産配当見込額
- 金融審議会答申：最小コスト・最小混乱→資金援助方式を優先

(事例) 日本振興銀行のケース
①保険金支払方式
②資金援助方式で第二日本承継銀行へ事業譲渡、残不適資産は整理回収機構へ
③第二日本承継銀行から最終受け皿に

(3) 例外 (全額保護)
- 定額保護で処理→信用秩序の維持に極めて重大な支障
　→保険金支払コストを超えて以下の措置を適用
- 1号措置…資本増強
  (破綻金融機関、債務超過金融機関は対象外)(例：りそな)
- 2号措置…特別資金援助
  (破綻金融機関 or 債務超過金融機関が対象)
- 3号措置…特別危機管理
  (破綻かつ債務超過金融機関)(例：足利)

10. 金融再生

[1] 金融再生プログラム
- 2002年10月30日に発表、対象は主要行
- 目的：金融システム・金融監督への信頼回復、金融機関経営の再建
- 目標：3年間で不良債権比率の半減

[2] 資産査定の厳格化
<u>(1) 資産査定の厳格化</u>
- 引当金算定方法の改良
- 大口債務者の区分統一
- 再建計画厳格な検証（体制整備求める）・担保評価の厳正な検証
- 金融検査強化→金融庁と銀行の査定結果公表

<u>(2) 厳格化を担保するために</u>
- 特別検査の実施
- 査定と検査の格差公表

[3] 自己資本の充実・適正化
<u>(1)「自己資本の充実」とは</u>
- 自己資本の充実→不良債権処理がすすむ
- 破綻懸念先以下の間接償却
- 繰戻還付金制度の凍結解除
- 欠損金の繰越控除期間の延長

<u>(2)「自己資本の適正化」とは</u>
- 繰延税金資産の適正化
- 繰延税金資産の合理性確認
- 対債務者第三者割当増資の見直し

<u>1) 繰延税金資産とは</u>
- 会計上の費用≠税務上の費用→税金過払い
- 無税償却費用の認定→過払いが発生しやすい
- 「過払いの税金→将来還付」を見込む
- 資本金：税効果資本

<u>2) 税効果資本の脆弱性</u>
- 黒字→損金算入　　　→納税負担減
- 赤字→損金算入できず→税効果資本実体化せず

[4] 再生プログラムの結果

(1) 資産査定厳格化
- 中小企業貸出に対する十分な配慮をするも…
- 引当金増・不良債権増 + 処理目標の設定→不良債権の加速的処理
  →自己資本比率低下→貸し剥がし・再編

(2) 自己資本の充実・適正化
- 自己資本の充実・適正化→自己資本減少・比率低下・破綻
  (例) りそな銀行・足利銀行

[5] 預金保護の「正常化」

(1) ペイオフ解禁 (2005.3)
- ペイオフ
- 金融危機→ペイオフ凍結＝預金全額保護
- 危機脱出→ペイオフ解禁＝預金部分保護

(2) 金融機能強化法 (2004.8)
- 収益性・効率性の向上、金融円滑化
- 「経営責任追及」「抜本的な組織再編」
- 申請期限設定 (2008.3)

(3) 中小金融のスリム化
- ペイオフ→預金者不安→預金流出→規模を求めて合併・統合
- 強化法→自己資本強化を求めて合併・統合
- 地銀 (64 → 63) 第二 (68 → 42) 信金 (455 → 272) 信組 (439 → 159)

[6] スリム化の結末

(1) スリム化の背後にあるもの
- 金融機関数が多い、預貸率
- オーバーバンキング解消→金融の健全化
- 金融再生プログラム・ペイオフ解禁→オーバーバンキング解消

(2) リレーションシップの崩壊
- スリム化→フルバンキング拠点減少
- 自己資本比率低下→貸し渋り・貸し剥がし→企業の資金繰り悪化・倒産
- 信頼関係崩壊→借り渋り＆情報の出し惜しみ
  →①金利の不適正化、②モニタリングコスト増加、③機会喪失

11. 地域密着型金融

[1] リレバン
(1) 信頼関係に基づく銀行貸出 (2003.3)
- 「金融機関が顧客との間で親密な関係を長く維持することにより顧客に関する情報を蓄積し、この情報を基に貸出等の金融サービスの提供を行うこと」を支援
- アクションプログラム

(2) 関係再構築の具体例
- 経営情報提供、コンサルティング、ビジネス・マッチングなど
- 信頼関係の回復→情報の非対称性解消→解決策の立案・提案が可能に
- 事務ガイドライン改正、別冊検査マニュアル

(3) リレバンの結果
- 担保・保証に依存しない融資 (H14→H16、5倍に)、債務の株式化 (同40→261億円)、劣後ローン化 (同0→281億円)、中小企業の業況改善 (4分の1→不良が健全に)

1) 債務の株式化 (Debt Equity Swap)
- 負債と資本の交換
- (企業) 債務圧縮、資本構成を強化
- (銀行) 債務免除回避、再建の恩恵享受

2) 債務の劣後ローン化 (Debt Debt Swap)
- 債務と劣後ローンの交換
- (企業) 返済の長期化、信用格付けの向上
- (銀行) 債務者区分の向上、不良債権減少

[2] 地域密着型金融
(1) 地域密着型金融に関するAP(2005)
- 金融改革プログラム
- 中小企業金融円滑化・中小地域金融機関の経営力強化
  →地域密着型金融推進計画の提出、計画期間

(2) 地域密着型金融の内容
- 創業支援融資：179→742億円、ビジネスマッチング：6200→24000件、財務制限条項活用：339→2385億円、PFI事業向け融資：187億円→625億円、協調融資：2993→6700億円、動産担保融資：0→131億円

1) 財務制限条項を活用した融資
- 融資に財務制限条項をつけた融資
  (例) 2期連続赤字・債務超過の回避、違約→金利引き上げ
- (企業) 無担保・無保証で融資をえられる
- (銀行) 資金供給先の掘り起こし

2)PFI事業向け融資
- 公的事業に民間資金、経営能力などを活用
- コスト削減、質の高い公共サービス、収益機会の確保
- (例) 四日市小中学校施設整備事業、横浜市下水道局改良土プラント増設・運営事業など

(3) 地域密着型金融の充実
- (2007-) 事業承継関連M&A支援(0→142件)、再生計画策定支援(0→19,083件)
- (2008-) 企業育成ファンド・企業再生ファンド活用、コミュニティNPO向け融資

[3] 危機と金融監督

(1) 2つの危機
- 100年に1度の危機(2008.9)・史上最悪の震災(2011.3)
- 赤字企業の激増(7割)・二重債務問題の発生(1兆円)
  →不良債権の激増

(2) 中小企業金融円滑化法 (2009.12-2011.3)
- 貸出条件の変更に柔軟に応じること
- 他の金融機関・信用保証協会との連携に応じること
○当局の対応:条件緩和債権の除外条件の変更
- 実抜計画の提出期限延長
- 再建期限延長
- 二度の延長→実績(申込473万件)

(3)「資本性借入金」の条件明確化 (2011.11)
- 償還:15年→5年超、期限一括償還 or 長期の据置期間
- 金利:資本コストに準じた金利設定
- 劣後性:法定破綻時に劣後性がある
- 「借入金→みなし資本金」に→企業財務改善→新規融資が可能に

(4) 被災金融機関への対応
- 震災→債務者の実態把握が困難→資産査定に係る特例措置
  - 震災前に把握していた情報で債務者区分を行う
  - 担保・保証の状況が把握できない
- 震災→再建計画の策定が困難→監督指針に係る特例措置
  - 再建計画の再建期間を「合理的期間」とする
  - 再建計画の提出期限を1年猶予することを可能に

(5) 改正金融機能強化法 (2011.7)
- 国が資本参加→金融機能強化→地域経済活性化
- [銀行] 経営責任、収益性・効率性目標
- [信金・信組] 中央機関と共同出資、条件付きで償還免除、期限延長

12. 金融規制とバブル

[1] バーゼルⅠ
(1) 自己資本比率規制
- バーゼル銀行監督委員会にて監督指針の合意 (1988) ＝バーゼルⅠ
- 自己資本比率＝自己資本／信用リスク≧8％
- 自己資本比率＝（株主資本＋劣後債＋有価証券含み益）
  ／（対銀行＊20％＋住宅ローン＊50％＋対事業法人・個人＊100％）≧8％

(2) 早期是正措置
- 4％以上8％未満　経営改善計画提出、実行命令
- 2％以上4％未満　資本増強計画、配当禁止、総資産圧縮・増加抑制、一部業務縮小
- 0％以上2％未満　選択・実施命令
- 0％未満　　　　業務の全部または一部停止命令

(3) バブルをとめられない
- 有価証券含み益を「補完的自己資本」としていたこと
- バブル期→有価証券含み益増大→自己資本充実→貸出容易に
- バブル崩壊→有価証券含み益消失→自己資本不足→貸出困難に

[2] バブルⅡ
(1) バーゼルⅠの課題
- リスク評価が一律
- 金利リスクの管理が不十分→バーゼルⅡ

(2) バーゼルⅡ
①信用リスクの評価手法を選択制に
- 標準的手法、内部格付手法
②リスク・ウェイトの調整
- 中小企業 (100 → 75％)、住宅ローン (50 → 35％)、大企業 (20-150％)
③オペレーショナル・リスクの新設…システム障害、不正行為等
④アウトライヤー規制…自己資本の2割超の金利リスク

(3) バブルをとめられない
- 2004-2006…アメリカ双子のバブル
- 歯止めにならなかった自己資本比率規制
- 簿外投資主体 (SIV) の活用
- 投資銀行のBS拡大→証券化商品の組成・販売、保有・投資→バブル膨張
- 証券化商品・再証券化商品市場の膨張→住宅バブル膨張
- NCルール改正 (2004)→レバレッジ拡大

[3] バーゼル 2.5

<u>(1) 金融危機の発生と規制の課題</u>
- アメリカのバブル崩壊
- 再証券化商品のリスクを十分に把握出来ず
- トレーディング勘定のリスクを十分に把握できず
- バーゼル 2.5…2009 年 7 月公表→ 2011 年末より実施

<u>(2) バーゼル 2.5</u>
<u>1) 証券化商品の取扱強化</u>
- 再証券化商品のリスク・ウェイト引上げ
- 外部格付使用に係るモニタリング要件の導入

<u>2) トレーディング勘定の取扱い強化</u>
- ストレス時のリスクに基いて必要自己資本を計算
- デフォルトリスクを加味して必要自己資本を計算
- 証券化商品は外部格付を用いて必要自己資本を計算

[4] バーゼル III

<u>(1) 米バブル崩壊と規制の限界</u>
- バブル崩壊→株価・地価下落＆経営破綻→ Tier2 が資本として機能せず
- バブル→自己資本規制を容易にクリア→貸出増→バブル膨張
- 大手金融機関破綻→ Too Big To Fail →国民負担増大
- 高リスク投資をオフバランス化→最終的には本体が損失処理＝オンバランスに
- 金融危機→資金流出→流動性逼迫→経営危機
- 合意 (2011.1) →適用開始 (2013.3-) →完全実施 (2019.3-)

<u>(2) バーゼル III</u>
<u>1) 資本規制 (8%)</u>
① Tier1 比率引き上げ (≧ 4% →≧ 6%)
②普通株式等 Tier1 比率引き上げ (≧ 2% →≧ 4.5%)
③資本保全バッファー (+2.5%) の導入
④ G-SIBs(Global Systematically Important Banks) 追加資本 (+1-3%) の導入

<u>2) レバレッジ規制</u>
- オフバランスのリスクも規制対象に…レバレッジ比率 (Tier1 ／エクスポージャー)

<u>3) 流動性規制</u>
①流動性の高い資産を十分に保有すること
 …流動性カバレッジ比率 (Liquidity Coverage Ratio)
②流出の可能性が低い資金調達の割合が高いこと
 …安定調達比率 (Net Stable Funding Ratio)

01. 日本銀行

[1] 日本銀行の創設
(1) 背景
- 近代化→資金需要の拡大→金融システム整備の必要性
- (江戸)三貨制度・藩札→(明治)政府紙幣・兌換紙幣・不換紙幣→紙幣一元化の必要性

(2) 経緯

1868(明治元)年	明治政府樹立→殖産興業政策
1871(明治4)年	新貨条例(円・銭、金本位制)
1872(明治5)年	太政官札発行
	国立銀行条例制定
1873(明治6)年	第一国立銀行設立
	国立銀行紙幣発行
1876(明治9)年	国立銀行条例改正
	日本初の私立銀行(三井銀行)設立
1877(明治10)年	西南戦争勃発
1882(明治15)年	日本銀行開業
1885(明治18)年	日本銀行券発行開始(銀本位制に)
1897(明治30)年	貨幣法施行(金本位制に)
1899(明治32)年	紙幣の一元化完了

[2] 組織
(1) 概要
- 本店(東京都中央区日本橋)、支店33ヶ所、事務所13ヶ所、海外事務所6ヶ所
- 政策委員会…総裁1名、副総裁2名、審議委員6名
- 職員…みなし公務員(身分保障なし、争議権あり、守秘義務あり、刑罰適用あり)

(2) 特徴
- 根拠法+行政官庁の認可(認可法人)
- 出資者の権利制限→経営参画権、残余財産分配請求権、剰余金配当請求権
- 納税義務あり(法人税、事業税、住民税)
- 出資証券あり(政府55%民間45%)

[3] 独立性と透明性

(1) 独立性
- 金融政策の決定する権限は中央銀行にあり、それ以外の主体の判断によって覆らない
- 目標・手段の独立性 ≠ 目的の独立性（←日銀法）
- 方法：1) 委員解任事由の限定、2) 対政府直接与信の禁止、3) 予算・財務の独立性
- 制限：「政府と十分な意思疎通」

(2) 透明性の確保
- 独立性の強化について国民の理解を得るため
- 「意思決定の内容及び過程を国民に明らかにするよう努めなければならない」
- 方法：議事要旨・議事録公表、金融政策報告書・委員会質疑、講演・調査・研究

[4] 日本銀行の財務

(1) 貸借対照表（兆円、FY_____）

資産	負債
国債	発行銀行券
貸出金	預金
外国為替	政府預金
社債	引当金
ETF	純資産

(2) 損益計算書（億円、FY_____）

費用	収益
売現先利息	国債利息
引当金繰入	外為収益
銀行券製造費	運用益等
給与等	貸出利息

税引前当期剰余金

(3) 剰余金処分（億円、FY_____）

税引前当期剰余金
- 法人税・住民税・事業税
- 配当金
- 法定準備金
- 国庫納付金

http://www.boj.or.jp/about/account/index.htm/

02. 発券銀行

[1] 発券銀行としての機能

(1) 貨幣と通貨
- 貨幣の機能…価値尺度＋流通手段＋支払手段＋価値保蔵
- 流通手段＋支払手段→通貨がその機能を果たす
- 通貨＝現金通貨＋預金通貨

(2) 通貨量（マネーストック）
- 通貨保有者が保有する通貨量の残高
- M1：現金通貨＋預金通貨
- M2：現金通貨＋預金通貨
- M3：M1＋準通貨＋CD
- 広義流動性：M3＋金銭信託＋投資信託＋金融債
  ＋銀行発行普通社債＋金融機関発行CP＋国債＋外債

1) 現金通貨、預金通貨、準通貨
- 現金通貨＝銀行券発行高＋貨幣流通高
- 預金通貨＝要求払預金（当座、普通、貯蓄、通知、別段、納税準備）
- 準通貨＝定期預金＋据置預金＋定期積金＋外貨預金

2) マネタリーベース
- 日本銀行が供給する通貨≠マネーストック
- 日本銀行券発行高＋貨幣流通高＋日銀当座預金残高
- 2001.3-2006.3、2013.4-：金融政策のターゲットに

(3) 銀行券の特徴
- 様々な経済取引の決済に利用可能・誰にでも受け取られる
- ①強制通用力（日銀法46条）(cf.) 貨幣(20枚)
- ②支払完了性（他社の介在なし）(cf.) 振込
- ③匿名性（誰いつどこで）(cf.) プリペイド
- リスク・コストの面で預金通貨に劣る

(4) 銀行券の流通経路
- 日本銀行→国立印刷局→日本銀行→金融機関→個人・一般法人
- 個人・一般法人→金融機関→日本銀行

(5) 銀行券の発行
- 週末・月末・年末（発行増）
- 翌週初・翌月初・翌年初（還収増）

[2] 銀行券発行制度

(1) 貨幣商品から銀行券へ
- 銀行券（1枚約15円）＝1000円〜1万円
- 物々交換→貨幣商品の登場
- 金銀銅との交換を約束した紙＝銀行券

(2) 政府紙幣
- 政府が発行、強制通用力を与えられた法定通貨
- 江戸時代…藩札、明治時代…太政官札、明治通宝
- 戦費調達のため大量発行→インフレ→経済混乱→日銀券に一元化

(3) 兌換銀行券
- 「純金ノ量目二分ヲ以テ価格ノ単位ト為シ之ヲ圓ト称ス」(貨幣法)→本位貨幣の設定
- 本位貨幣と兌換可能な銀行券 (ex.10円銀行券→金7.5g)
- 国立銀行条例 (1872) →金兌換銀行券 (73) →不換銀行券 (76) →乱発・インフレ
- 日本銀行設立 (82) →日本銀行兌換銀券 (85) →日清戦争 (94-95) →日本銀行兌換券 (97)

(4) 不換銀行券
- 大恐慌 (1929) →米輸入急減＆貿易黒字
  →ドル高＝金現送増加
  →日本から金流出→日本・兌換停止 (1931)

○価値を維持する仕組み
- (戦前) 正貨準備義務
  → (戦後) 発行保証制度＆最高発行額制限制度
  → (新日銀法〜) 物価の安定

[3] シニョリッジ

(1) 通貨 (貨幣) 発行益
- 貨幣額面−貨幣鋳造コスト＝貨幣発行益
- 発行益・発行損
- 造幣局→政府→日本銀行→銀行→国民
- 貨幣回収準備資金受入（財務省所管、雑収入）

(2) 通貨 (銀行券) 発行益
- 国債利息等増加額＝銀行券発行益
- 日銀：買いオペ
  → (資産) 国債等増 (負債) 預金増
- 銀行：銀行券引き出し
  → (負債) 預金減 (負債) 発行銀行券増
- 結果
  → (資産) 国債等増 (負債) 発行銀行券増

03. 政府の銀行

[1] 国庫金関連業務

(1) 概要
 ①歳入・歳出の実際の受払い
 ②政府預金の受払いの記録
 ③官庁別・会計別の整理・集計し、官庁と照合・確認

(2) 代理店制度 (出納事務)
- 民間金融機関の特定の店舗でも国庫金の受け払いが出来る制度
 - 日本銀行の本支店とほぼ同様の国庫金業務を行う代理店
 - 歳入金 (国税、社会保険料) の受入れ業務を行う代理店
- 日銀→代理店契約に基づいて適正に業務が行われているか確認

(3) 歳入事務
 ①納付関係書類送付 (政府→納付者) ②現預金で納付 (納付者→代理店)
 ③領収済通知書送付・報告 (代理店→日銀) ④入金・引落し (代理店当預→政府預金)
 ⑤税務署別計算整理 (日銀) ⑥照合・確認 (日銀)
 ⑦領収済通知情報の電送報告 (日銀→政府) ⑧照合・確認 (政府)

(4) 歳出事務
 ①振込通知 (政府→受取人) ②支払請求 (政府→財務省会計センター)
 ③支払指図書データ (財務省→日本銀行) 振込請求 (財務省→日本銀行)
 ④引落し・入金 (政府預金→金融機関当預) 振込依頼 (日本銀行→全銀システム)
 ⑤振込 (全銀システム→受取人預金口座) ⑥照合・確認 (政府)

(5) 業務効率化
- 国庫金受払件数 (年 1.1 → 4.6 億件)・金額 (年 484 → 2036 兆円) の増加→事務効率化
- 歳入：マルチペイメント・ネットワーク稼働→「②現預金で納付」の電子化 (2004)
- 歳出：「②支払請求」のオンライン授受 (2003)

[2] 資金繰り関連業務

(1) 政府預金
- 上旬…法人税・消費税・保険料
- 中旬…(奇数月) 所得税 (偶数月) 年金
- 下旬…(3,6,9,12 月) 国債償還、公共事業 (その他) 国債発行
- 政府預金の増減→民間金融機関の当座預金を増減させる
- 揚超…政府預金増加＝日銀当預減少
- 散超…政府預金減少＝日銀当預増加

(2) 資金繰り関連業務
- 政府→政府預金残高を適切な水準に保つ必要
  →国庫短期証券によって調節＝公募入札
- 財政法第5条但し書き・日銀法第34条
  …①国庫短期証券の募集残額の引受、②日銀保有国債の借換債の引受

[3] 国債関連業務
(1) 概要
- 歳入不足を補うために政府が発行する国債に関する業務
- ①国債発行→②振替決済→③元利金支払
- 国庫金の受払業務をあわせて行う代理店
- 国債の元利払の事務を取り扱う代理店

(2) 国債発行
- 中央銀行が国債引受→財政規律の喪失→通貨増発→インフレ率急騰
- 国債引受・対政府貸付の原則禁止→市中消化の原則
- 引受シンジケート団引受 (FY1965-05)→公募入札開始 (FY1977-)
- (政府) 発行日・発行額決定→(日銀) 入札オファー
  →(金融機関) 応募価格・額→(政府) 募入決定
- イールド・ダッチ方式…最低価格が落札価格となる
- コンベンショナル方式…応募価格が落札価格となる

(3) 振替決済・元利金支払
- 振替決済…国債の売買→国債権が売り手から買い手に移転
- 国債権の移転…振替口座簿上の口座振替
- 日銀＝国債振替機関
- 元利金支払…国債整理基金特別会計→政府預金→日銀当預→国債権者口座

(4) 金融政策と金融抑圧
- 国債発行残高 (800兆円) −日銀保有残高 (200兆円) ＝ 600兆円 (2014年)
- QQE2国債買いオペ (年80兆円) −新発国債 (約40兆円) ＝ 40兆円
- 国債利回り低下→政府にプラス・国債権者にマイナス＝金融抑圧

[4] 為替介入
- 国（財務大臣）の指示に従って、円の為替相場の安定化のために外国為替の売買を行う

(1) 円売りドル買い介入
- ①介入資金調達→②円売り介入→③ドル資金の運用＆③不胎化介入

(2) ドル売り円買い介入
- ①外為会計保有ドル資金取り崩し→②ドル売り介入→③不胎化介入

04. 決済システム

[1] 決済手段
(1) 決済とは
- 経済取引→債権債務発生→お金の授受・商品の授受
- 膨大な決済→標準化された仕組み（手段・物理的仕組み・ルールなど）が必要

(2) 決済手段
1) 現金通貨 (日銀・政府)
- 信用度が高く、小口対面取引に用いられる
- 強制通用力、支払完了性、匿名性

2) 要求払預金 (民間)
- 日常生活の決済手段として広く利用
- 高い効率性、支払完了性、現金通貨の源泉

3) 日銀当預 (日銀)
- 金融機関間、金融機関−各種決済システム、日銀、政府の決済に用いられる
- 高い効率性、支払完了性、高い信用力・流動性、中立性

[2] 様々な決済システム
(1) 全国銀行内国為替
- 他行間の振込、隔地者間の手形・小切手の代金取り立てに用いられる
- 全国銀行データ通信 (全銀) システムが仲介
    - ① (支払人) 振込依頼
    - ② (支払人) 口座引落し＆データ送信
    - ③ (受取人) 口座入金
    - ④ (受取側金融機関) 入金通知
    - ⑤ (全銀システム) 集中計算
    - ⑥ (全銀システム) 受払差額送信
    - ⑦ 日銀当預の振替で決済

(2) 手形交換
- 個人や企業が支払のために振り出した同一地域の小切手・手形の取り立て
- 手形交換所で交換、差額を計算
    - ① (支払人) 手形振出し
    - ② (受取人) 取立依頼
    - ③ (受取側) 手形持出し
    - ④ (手形交換所) 集中計算・受払差額送信
    - ⑤ 日銀当預決済
    - ⑥ (支払側) 手形持帰り
    - ⑦ (支払側) 口座引落
    - ⑧ (受取側) 口座入金

(3) 外国為替円決済
- 非居住者が依頼した対日本向け円資金決済
    - ① (米国支払人) 送金依頼
    - ② (支払側) 支払人口座引き落とし
    - ③ (支払側)SWIFT 経由で送金依頼
    - ④ (コルレス先) 米銀の円預金口座から引落し
    - ⑤ (コルレス先) 支払指図
    - ⑥ (コルレス先→受取側) 日銀当預決済
    - ⑦ (受取側) 預金口座入金・入金通知

(4) 証券決済システム
- 日銀→国債振替決済制度
- 証券保管振替機構
  →短期社債振替制度、一般債振替制度、株式等振替制度、投資信託振替制度

[3] システム安定のために
(1) 金融システムの安定
- 「信用秩序の維持に資すること」(決済システムの円滑かつ安定的な運行の確保)
  ①資金決済の中核に位置しているから
  ②金融システム安定に不可欠な手段を有しているから

(2) 時点ネット決済
- DTNS…1日数回、受払差額を決済
- メリット…決済に必要な資金の節約
- デメリット…システミック・リスクを内包

(3) 即時グロス決済 (2001)
- RTGS…支払指図を1件毎に決済
- メリット…1件ごとに決済→支払不能の影響が広がらない
- デメリット…決済により多くの資金が必要に

(4) DVP化
- 証券の受け渡し(Delivery)VS(Versus)代金支払い(Payment)を相互に条件付け
  ＝払わないと受け取れない→取りはぐれ防止
- 国債決済のRTGS化→国債DVP同時担保受払機能

(5) 次世代RTGS (2008, 2011)
1) 流動性節約機能 (2008)
- 支払指図→(資金不足)指図を待機させておく
- 資金不足にならない複数の指図を組み合わせ、決済
  - 少ない流動性(日銀当預)でも決済が実現
  - すくみ(未決済残高の積み上がり)を防止

2) RTGSの対象拡大
- 時点ネット決済の取引の一部をRTGS化
- 外為円決済の完全RTGS化 (2008)
- 大口内国為替(件数シェア1%未満、金額シェア7割)(2011)

(6) オーバーサイト
- 民間決済システムをモニタリング→評価→改善に向けた働きかけ→信用秩序の維持
  ①流動性供給スキームの整備(民間決済システムが資金立替)
  ②損失補填スキームの整備(民間決済システムの損失補填)

05. プルーデンス政策

[1] 安定を脅かすリスク
　①貸出・有価証券の価値減少・消失
　②市場の変動で財産の価値が減少
　③必要な資金を確保できないリスク
　④法令違反・システム障害等業務運営上のリスク
　→日銀：金融システム安定のための政策

[2] プルーデンス政策
<u>(1) ミクロ・プルーデンス</u>
・金融機関の業務および財産の状況を把握するために行う活動（取引先金融機関の調査）
<u>1) オフサイト・モニタリング</u>
・面談や提出資料を通じて経営実態を把握（日常的・継続的・迅速に把握）
　①貸出業務
　②市場関連業務
　③資金運用・調達動向
<u>2) 考査</u>
・契約に基づき実施する立入検査（実態を詳細かつ網羅的に把握）
・情報提供拒絶→事実公表・改善要請・取引停止
　①貸出業務（自己査定）
　②市場関連業務（具体的な商品内容の検証）
　③事務処理体制（オペレーショナル・リスク、システム共同化・外部委託）
　④経営管理（統合リスク管理の導入・活用、資本の十分性）
　⑤収益力・経営体力（自己査定の正確さ）
<u>○日銀考査と金融庁検査の違い</u>
・考査…日銀法44条、最後の貸し手機能等の適切な発揮、業務・財産状況を調査→助言
・検査…銀行法25条、業務の健全な運営の確保→リスク管理体制の検証
<u>(2) マクロ・プルーデンス</u>
・システム全体のリスク状況を分析・評価→制度設計・政策対応→システムの安定を確保
・個々の金融機関は健全でも、金融システム全体の安定は保てない
　①金融システム全体の状況とシステミック・リスクの分析・評価
　②考査・モニタリングとの連携
　③金融システム安定に必要な施策の実施
　④決済システムの運営・オーバーサイト
　⑤金融政策運営「第二の柱」

[3] 最後の貸し手機能

(1)Lender of Last Resort の目的
- 資金過不足→金融市場で調整
- 調整できない資金不足→債務不履行→連鎖的な決済不能
- 資金供給→決済の履行確保
- 考査＆モニタリング→LLRに備える

(2)LLR
　①LLRとして行う有担保貸付
　②偶発的資金不足に対する無担保・一時貸付
　③システミック・リスク防止のための特融

(3) 特融4原則 (1999-)
　①システミック・リスク
　②日銀の資金供与が必要不可欠
　③関係者の責任の明確化
　④日銀の財務健全性の維持

(4) 手続き
- (銀行→金融庁)「債務完済不能＆預金払戻し停止のおそれ」
- (金融庁・財務省→日銀)「信用秩序維持のために融資を」
- (金融危機対応会議)「預金保険法第102条第1項○号措置決定」→日銀特融

[4] その他信用秩序維持政策

(1) 自己資本比率規制
- 自己資本比率＝自己資本／リスク≧8%　→リスク≦自己資本＊12.5
- 自己資本＝株主資本＋有価証券等の含み益の45％＋資本性債務
- 株価下落→含み益減・含み損増→自己資本減少→貸出抑制の必要
- (ex) 三菱…08年2337億→09年0円

(2) 株式買入
- 株式の価格変動リスク→金融機関経営不安定要因
- 保有株減→リスク減→金融システム安定・不良債権問題克服
- 保有株式を一斉に削減→株価下落→逆資産効果
- 日銀が株式買入(日銀の業務ではない)→保有株式削減努力を促す
- 日銀→金融機関保有株式買入 (2002-04 2兆円、2009-10 1兆円)
- 銀行→銀行等保有株式取得機構設立 (2002-06 1.5兆円、2009.3- 20兆円)

(3) 劣後特約付貸付
- 銀行の自己資本増強←資本注入・含み益増・資本性債務増
- 資本性債務の引受(日銀の業務ではない)→自己資本充実
- 劣後特約付貸付 (2009.3-2012.6)…4回実施

06. 金融政策と金利誘導

[1] 物価の安定

(1) 日銀の目的
- 銀行券の発券、通貨及び金融の調節
- 資金決済の円滑の確保→信用秩序の維持

(2) 安定の必要性
- 商品の相対価格が認識しやすい→企業・家計が円滑な意思決定
- 価格改定の必要性が減る
- 長期的視野に立った意思決定や計画が行える
- 納税額や利益額が物価変動の影響を受けない

(3) 物価安定と金融政策

1) 金融政策変更の影響
- 金利変化→総支出の変動→需給バランス変動→物価
- 予想物価上昇率を修正→需給バランス変動→物価
- 金利差変動→為替レート変動→物価

2) 影響のスパン
- 金融政策の変更から影響を与えるまで一定の時間がかかる
- 価格変動の粘着性
- 長期的視点の必要性

(4) 目標とすべき物価安定
- 消費者物価指数 (物価＊ウェイト)
- 消費量が変動してもウェイトはすぐに変更されない (上方バイアス)
- 正確な品質調整は困難である (上方バイアス)
- 新商品の登場と物価指数への採用にタイムラグがある (上方バイアス)
- 誤差の程度…1～2%

(5) デフレの糊代
- 物価上昇率に下限 (糊代) を設けるべき
- 物価下落→実質賃金増→労働需要減→消費減→デフレ
- 物価下落→実質金利上昇→総支出減→デフレ
- 「物価下落→実質債権・債務増」→「債権者 消費増＜債務者 消費減」→総支出減→デフレ

(6) 物価点検の柱 (2006.3-)
- 第1の柱 - 短期的な視点
    - 先行き1年から2年の物価→持続的な成長の経路をたどっているか
- 第2の柱 - 長期的な視点
    - 金融政策運営に当たって重視すべき様々なリスクを点検

[2] 金利の誘導

(1) 金融調節方針
- 物価上昇率を○%にする→不可能
- 金融市場調節方針…
  無担保コールレート(オーバーナイト物)を○%前後で推移するよう促す
  - コール市場…金融機関間の資金貸借市場
  - オーバーナイト(ON)…取引の約定日に資金の借入を行い、翌日に資金を返済する

(2) 日銀当預の需要

1) 決済準備需要
- 日銀当預＝無利息 or 低金利
- 日々の資金決済に必要な資金を予備的に準備→日銀当預
  - 市場での資金調達には不確実性が伴うから
  - 突発的事故、調達金利の急騰、与信可能限度

2) 法定準備需要
- 準備預金制度(準備預金制度対象債務の一定割合を日銀当預として保有することを義務付ける制度)に伴う需要
  - 対象債務(一定割合)…定期預金(0.05〜1.2%)、その他預金(0.1〜1.3%)、
    　　　　　　　　　　金融債(0.1%)、金銭信託(0.1%)
  - 保有…当月の1日から月末までの準備預金制度対象債務の平均残高＊一定割合
    　　　＝当月の16日から翌月の15日までの日銀当預の平均残高
  - 不足した場合→過怠金

(3) ON金利の決定
- 決済準備需要＜法定準備需要→コール市場の需要曲線は法定準備需要
- 法定準備需要＋供給→目標金利に誘導可能

(4) 調節方針の変遷

1) 間接コントロール (-1998)
- 貸出金利＜ON金利に設定
- 日銀が貸出で需要を満たす
- 日銀が需要を満たさず放置

2) 直接コントロール (1998-)
- ON金利について狭い目標を設定
- 目標から上(下)に乖離しそうになる
- (長所)誘導目標が明確、意図を誤解されない
- (短所)注目を浴びる→自由度が小さい

07. 金融調節

[1] 金融調節
(1) 手順
- ①準備需要(所要準備額)の予測(金融危機時、すくみ)
- ②銀行券要因と財政等要因の予測
- ③公開市場操作の実施(需要予測＋誘導金利目標→供給量決定)
- ④決済の実行(実際に資金移動)

(2) 公開市場操作
- オペ先(導管)…預金取扱金融機関、証券会社、短資会社等
- 買入資産の選定…健全性(日銀の)、流動性(資産の)、中立性(市場間の)
- オペの実行…競争入札(高い応札金利から順に落札)

(3) オペに応じる理由
- オペに応じる、応じないは金融機関の自由
- ①オペ先としてのステータス(選ばれた金融機関)
- ②オペ金額は大きい→日銀＝在庫処分先

[2] 供給・吸収手段
(1) 供給手段(一時的オペ)
- 当座預金の短期的な増減に見合って実行
- 資金余剰日に満期日を当てる

1)CP買現先(1998.12-)・国債買現先(2002.9-)
- 対象資産を売戻条件付きで買い入れる
- 金融機関にとって売買の差額と期間から利回りが決まる

2) 国債補完供給(2004.4-)
- 日銀が保有する国債を一定期間供給する制度
- 形態は国債売現先(買戻条件付売出)

3) 共通担保資金供給オペ(2006.4-)
- 共通担保…様々な対日銀の受信に使える担保
- 共通担保を裏付けとして行う貸付

(2) 供給手段(永続的オペ)
- 経済成長に伴う銀行券の趨勢的な増加に対応
- マネタリーベース目標を達成するために活用
- 手法：①国債買入れ(1999.3-) ②国庫短期証券買入れ(1999.10-)
- 金融機関が希望する利回りと日銀が設定する利回りの較差を入札

(3) 供給手段 (近年導入)
1) 被災地支援オペ (2011.4-2015.4)
- 対象は被災地金融機関、総額 1 兆円
- 固定金利貸付、期間 1 年以内

2)CP および社債等買入 (2013.4-)
- 対象資産を買い入れる形態で資金供給を行う
- 金利入札方式、買入上限あり

3) 指数連動型上場投資信託受益権等買入 (2013.4-)
- 対象資産は ETF と REIT
- ETF は「株式投信」、REIT は「不動産投信」
- 金銭信託を行い、信託財産として対象資産を買入れ

(4) 吸収手段
- 国債売出 (1999.3-)
- 国庫短期証券売出 (1999.10-)
- 手形売出 (2000.4-)
- 国債売現先 (2002.9-)

[3] 相対的な金融調節手段
- 目標金利から乖離するケース→追加オペ＋相対的な金融調節手段

(1) 補完貸付制度
- 希望に応じて受動的に実行する手形貸付
- 条件：翌日物、有担保、金利＝基準貸付利率
- 制限：5 営業日／積み期間
- 市場金利急騰→補完貸付増・市場の資金需要減→市場金利低下

(2) 補完当座預金制度
- 所要準備を超えた日銀当預に利息を付す制度
- 利率…誘導目標金利－スプレッド
- 実質ゼロ金利 (2010.10) →スプレッドをゼロに
- 市場金利急低下→市場の資金供給減・超過準備増→市場金利上昇

(3) 日銀貸出
1) 公開市場操作としての日銀貸出
- 共通担保資金供給オペ
- 貸借の起点…日銀によるオファー

2) 個別相対型の日銀貸出
- ①日中当座貸越、②補完貸付、③日銀特融
- 貸借の起点…金融機関の申し込み
- 緊急時、危機時に利用される

08. 金融政策の波及効果

[1] イールドカーブ
(1) 金利の期間構造理論
1) 期待理論
- 残存期間 n 期間、債券利回り Rn、短期金利 ri(i=1, 2, ···, n)

  $(1+R_n)^N = (1+r_1)(1+r_2)(1+r_3)...(1+r_n)$

  $R_n = (r_1+r_2+r_3 \cdots r_n)/n$

- 現在の長期金利＝現在から将来にかけての予想短期金利の平均値

2) 流動性プレミアム仮説
- 予想短期金利には不確実性が存在する
  → 「現在の長期金利＞予想短期金利の平均値」でも現在の長期金利で資金調達する
- 現在の長期金利＝予想短期金利の平均値＋ターム・プレミアム
- 期間が長くなればなるほど不確実性が高まる

(2) 金融政策の影響
1) 短期金利
- 短期 (ON) 金利←日本銀行が決定←①物価上昇率、②需給ギャップ
- 短期 (ON) 金利＝ f(物価上昇率、需給ギャップ)

2) 長期金利
- 短期金利の予想には<u>不確実性</u>が含まれる
- Σ f(物価上昇率、需給ギャップ)/n ＋<u>ターム・プレミアム</u>

[2] 効果波及経路
(1) 金利チャネル
- ON 金利低下→予想短期金利低下→中長期金利低下→実質中長期金利低下→総支出拡大
- ON 金利コミットメント→予想短期金利の不確実性低下→ターム・プレミアム低下
  →中長期金利低下→総支出拡大

(2) 資産チャネル
- 株価・地価＝株・土地から得られる期待収益／利子率
- ON 金利低下→中長期金利低下＝割引率低下→株価・地価上昇→総支出拡大
  - (注意) 期待収益等の変動の影響も受けるので、ここまで単純ではない

(3) 信用チャネル
- ON 金利低下→利ざやの拡大→銀行貸出の積極化→総支出拡大
  - (注意) 金利リスクをヘッジしている場合、この経路を通じた金融政策効果は小さくなる
- ON 金利低下→…→株価・地価上昇→銀行貸出の積極化→総支出拡大

(4) 為替レートチャネル
- ON 金利低下→中長期金利低下→円安→純輸出増・企業収益増→総支出拡大

(5) 金融政策と FCI
- Financial Condition Index (金融環境の状態を示す指標)
- 実質短期金利、実質為替レート、実質長期金利、社債スプレッド、金融機関貸出態度、株式時価総額等から構成
- ON 金利低下→ FCI 改善→総支出拡大

[3] リスクプレミアム
(1) 金融政策の効果測定の難しさ
- 効果・波及経路の分析に関して注意すべき点
  ①長いタイムラグが存在する
  ②経済、金融システムの状態に大きく左右される

(2) 難しさの原因
- リスク・プレミアムの水準が変化するため
- 実効実質金利＝(名目金利－予想物価上昇率)＋リスク・プレミアム
- 危機→金融緩和(実質金利低下)＋リスク増大→実効実質金利高止まり→総支出拡大せず
- バブル→金融引締(実質金利上昇)＋リスク減少→実効実質金利低水準に→総支出拡大

(3) リスク・プレミアムの決定要因
  ①マクロ経済の動向
  ②資産価格の動向
  ③自己資本の充実度
  ④リスクテイクの大きさ
  ⑤会計ルール・規制の設計

[4] 波及経路の変化
(1) 金融市場の発展
- 金融政策の変化→金利の変化→各経済主体の行動変化
- 効果波及経路を規定するもの
  ①金融市場の発展状況
  ②金融機関・取引の制度に関する状況

(2) 市場発展の影響
1) 金融政策の効果の円滑な波及
- 規制がある場合…金融政策変更→規制対象にだけ影響
- 金利規制撤廃→政策変更がスムーズに伝播
- デリバティブ市場の発展→リスクが最適配分

2) 効果波及経路の変化
- 新しい市場の発展→金融政策の効果が新しい市場にも波及

09. 金融政策の運営

[1] 政策金利の変更
(1) 制約された裁量
- 機械的なルールに基づく金融政策は困難
- 無制限の裁量も中央銀行は与えられていない
- 中央銀行の金融政策決定を支配する行動原理
- 金融政策ルールが明確に→短期金利の予想が立てやすく

(2) 変更パターン

1) テイラー・ルール
- 政策金利＝景気に中立的な金利水準＋1.5＊物価ギャップ＋0.5＊需給ギャップ
- 中立的な金利＝自然利子率＋目標物価上昇率
- 物価ギャップ＝物価上昇率－目標物価上昇率
- 需給ギャップ＝成長率－潜在成長率

2) テイラー・ルールの限界
　①需要ショックと供給ショックの区別ができない。
　②自然利子率、需給キャップには計測の不確実性が存在する。
　③定数項は時代とともに変化する。

(3) 望ましい金融政策

1)「物価安定→持続的な成長」を目的に
- 中長期の物価安定を目的に
- 経済・物価の安定を目的に

2) 政策金利は徐々に、小幅に
- 大幅な変更
- ランダムな変更

3) ベンチマークを意識して政策変更を
- 実質金利と自然利子率の乖離
- テイラールールからの乖離

[2] コミュニケーション政策
(1) 金融政策の説明
- 金融政策の決定内容や背後にある考えが十分に伝わらない
　　→意図した政策効果が発揮されない
- 説明内容：金融政策の目的・目標、経済の現状判断と見通し、
　当面の金融政策運営の基本的な考え方
- 説明手法：記者会見、議事要旨・議事録、国会報告、
　講演、スタッフによる研究の公表

(2) 先行きに関する情報発信の現状
- 現在の金利水準だけではなく、将来の金利水準が重要
- 先行きの見通しの不確実性
- 条件付き予測であることに対する国民の理解

[3] 金融政策の分析
(1) 金融政策分析の出発点
1) 短期金利を出発点にする考え方
- 短期金利の変動→イールドカーブ・資産価格・銀行行動の変化→経済活動

2) マネタリーベースを出発点にする考え方
- マネタリーベースの変動→信用乗数倍→マネーストックの変動→経済活動
- 「奇妙な分離」(Woodford, 2003)

(2) マネタリーベース目標の問題点
- マネタリーベース目標達成の技術的な困難さ (ex. 目標達成下での金利上昇)
- 家計・企業がマネタリーベース目標が自らにどう影響するのか理解が困難
- マネタリーベースの変動→マネーストックの変動が約束されていない

(3) 機械的信用乗数論の問題点
1) 機械的信用乗数論の前提条件
　①豊富な借入需要＋積極的な与信態度
　②銀行は流動性不足に直面している

2) マネーサプライの決定要因
　①銀行の与信行動
　②企業・家計の資産選択行動
　→ MB の供給が機械的に MS を決定するわけではない

(4) マネタリーベース目標
- 日銀が採用 (2001.3-2006.3)、日銀当座預金残高目標を設定
- 問題点：①期末日、②経営状態が悪化した金融機関が出た場合
　→ MB 目標を満たしていても金利上昇

(5) マネーサプライ目標
- インフレの昂進を抑制する目的で導入された
- 背景：① MS と物価に安定的な関係があるとの認識
　　　　②金利が政策目標として不適切 (インフレ昂進→予想短期金利上昇→)

(6) マネーサプライの位置付け
- 政策目標として位置付けないならどのように位置付けられるか
　①金融政策判断の情報変数の一つ (対応すべき時とすべきでない時がある)
　②コミュニケーション手段の一つ (ECB)

10. 量的緩和政策

[1] 政策の枠組み
(1) 量的緩和政策の採用
- 2001年3月～2006年3月
- 金融調節の目標変更と目標引上げによる潤沢な資金供給
- 金融緩和継続のコミットメント (CPI前年比上昇率)

(2) ゼロ金利政策との相違点
　①ON金利が限りなくゼロに接近 (0.02%→0.001%)
　②日銀当預が著増 (5兆円→30～35兆円)
　③特定の経済指標に結びつけて将来の金利水準を約束
　　(デフレ懸念が払拭されるまで→CPI上昇率)

[2] 期待された効果と結果
(1) 時間軸効果

1) 効果波及経路
- ゼロ金利を継続することを現時点で約束することで得られる効果
- 市場参加者が信認→予想短期金利低下→中長期金利低下→物価・経済刺激

2) 時間軸効果の特徴 (3年物・10年物国債を検証)
- 当初1年＜2年目以降→政策開始当初より時間経過後の方が効果を発揮する
　- 政策開始当初は約束の有無に関わらず予想金利が低い
　- 景気回復が本格化してくると、ゼロ金利継続期間に関する不確実性が出てくる
- 3年物＞10年物→長期金利に与える緩和効果は小さい
　- 経済の不確実性を考えると、時間軸効果には限界がある

(2) 資産構成変化による効果

1) 効果波及経路
- 特定の金融資産を買いオペし、既存の買入れ資産を売りオペする政策
- リスク資産買いオペ→信用スプレッド縮小→利回り低下→物価・経済刺激

2) 結果
- 量的緩和→オペ過剰に→札割れ→手形買いオペの長期化 (2ヶ月→6ヶ月に)
- リスク資産の買入れ増加→信用スプレッド縮小
- 長期国債買いオペ増加

(3) 日銀のバランスシートの拡大効果

1) 効果波及経路
- マネタリーベース拡大
　→MS拡大、インフレ予想醸成、ポートフォリオリバランス効果、シグナル効果
　→景気拡大・物価上昇

2) 効果
- MS拡大・インフレ予想醸成→確認できず
- 信用スプレッドの縮小→確認できるも…
- シグナル効果→確認できず

[3] 効果・副作用
(1) 金融システムの動揺回避
　①大量の日銀当預の保有(流動性不足に伴う動揺回避)
　②弾力的な資金供給の約束(金融不安定化→目標を超えて資金供給)
　③信用スプレッドの縮小
　(量的緩和＋手形売りオペ＝両建てオペ)
　④ドル資金調達(為替スワップ)の円滑化
(2) 副作用と限界
　①コール市場の規模縮小(30兆円台→5兆円前後)
　②規模縮小→資金調達不安の醸成
　③規模縮小→取引基盤の機能低下
(3) まとめ
　①量的緩和政策には効果が認められる。
　②その効果は時間軸効果であり、量の効果ではない。
　③金融システムの動揺回避という副次的な効果が認められる。
　④金融市場の機能低下という副作用もある。

[4] 政策運営上の課題
(1) 時間軸効果
　①「より高い物価目標→より大きな時間軸効果」は期待できるのか？(できない)。
　②より長い将来のコミットメントは可能か？(できない)
　③金利水準は0.001%で良いのか？(望ましくない)
(2) 金融政策の情報発信
- 過去に例の無い政策＝評価が別れる
- 「経済の厳しい状況を鑑み、効果を点検しながら異例の政策を進めていく」
  - 懐疑論「日銀は意味のない政策を意味のある政策のように説明」
  - 推進論「量の効果に対する懐疑的な姿勢が、インフレ予想の醸成を台無しに」
- 当局者の情報発信が人々の予想を変えるか？(変えられない)
(3) 非伝統資産の購入
- 非伝統資産のリスクプレミアムの低下→資産価格上昇
- 日銀が負うリスクの増大(価格低下→剰余金減少→国庫納付金減少)
- 日銀財務悪化→金融政策・通貨の信認低下→リスクプレミアムの上昇
- 出口戦略の困難さ(逆資産効果の発生)

11. 金融危機と金融政策

[1]100年に1度の危機
- 2008.9.15: 米投資銀行LB破産法適用申請(負債総額6000億ドル)
- 住宅バブル崩壊→金融資産バブル崩壊→投資銀行破綻→商業銀行・保険会社へ波及
  →市場流動性の低下(市場型システミック・リスク)
  →価格不明、信用スプレッド拡大、カウンターパーティ・リスク意識の高まり
  - cf. 古典的システミック・リスク(預金取付、与信焦げ付き、連鎖的波及)

[2]FRBの対応
<u>(1) 信用緩和政策 (2008.11 - 2010.6)</u>
- QE1…長期国債＆MBS買入れ、入札金利方式の貸出(1兆7250億ドル)
- 市場流動性回復策…ABS(資産担保証券)、ABCP、CP、GSE(政府支援機関)債買入れ
- 投資銀行支援…相対での資金供給、国債貸出制度(適格担保の供給)
- 国外向けドル供給…他国の中銀とドルスワップ取極め

<u>(2)QE2 (2010.11 - 2011.6)</u>
- 財政刺激効果喪失＆ギリシャ経済危機→二番底懸念
- 米国債買いオペ(6000億ドル)
  →ポートフォリオ・リバランス、コモフレーション、新興国資産価格上昇

<u>(3)QE2とQE3の狭間</u>
①時間軸政策 (2011.8)
- 財政刺激効果喪失・欧州不安再燃(PIIGS)→二番底懸念
- ゼロ金利コミットメント(2013年半ばまで)

②ツイストオペ (2011.9)
- 長期国債買い＆短期国債売り
- 金融抑圧批判(金融機関経営を圧迫)

③コミュニケーション政策(2012.1)
- 政策委員の政策金利見通しを公表
- インフレ・ゴールの設定

<u>(4)QE3(2012.9 - 2014.10)</u>
- 財政の崖(2012年末)→追加緩和
- 住宅ローン担保証券(MBS)買入(月400億ドル)、米国債買入(月450億ドル)
- 金融緩和のコミットメント→時間軸効果

○縮小、そして出口へ
- 雇用市場改善→買入規模を徐々に縮小(2014.1-10)
- QE3終了(2014.10)→「相当な期間はゼロ金利」
- 出口戦略(時期未定)

[3] BOJ の対応

(1) 危機直後の対策

①米ドル資金供給オペ導入 (2008.9)

②金融緩和 (2008.10, 12)…コール金利 (0.5→0.3→0.1%)、基準貸付利率 (0.75→0.5→0.3%)

③補完当座預金制度導入 (2008.10)…超過準備へ付利、無担保コール ON 物 - スプレッド

(2) 企業金融支援策

1) 特別オペ (2008.12)

- 適格担保の緩和 (社債・証書貸付債権)
- 担保の範囲内で年度末越え資金を供給
- 銀行が企業向け資金供給に積極的になれる

2) その他企業金融支援

- CP・ABCP 買い入れ (2009.1)…総額 3 兆円、下限 0.2～0.4%
- 社債買い入れ (2009.2)…総額 1 兆円、下限 0.5～0.7%
- 異例の措置 (①国民負担の可能性　②ミクロの資源配分に関与)→時限措置

(3) イールドカーブのフラット化

- 共通担保資金供給・固定金利方式導入
- 3ヶ月…10兆円 (2009.12) → 20兆円 (2010.3)
- 6ヶ月…10兆円 (2010.8)

(4) 成長基盤強化支援貸出 (2010.6-)

- 銀行 (成長力強化融資) → 日銀 (低利融資)
- 研究開発、医療・介護・健康、観光、防災、地域再生、保育・育児、環境等
- 無担保コール ON 物金利、原則 1 年、3 兆円

(5) 包括緩和政策 (2010.10)

- 実質ゼロ金利政策 (0.1% → 0-0.1%)
- ゼロ金利コミットメント
- 資産買入等の基金の創設 (-2014.3、35→101兆)
    ①共通担保資金供給 (固定金利)
    ②安全資産買入 (国債・国庫短期証券)
    ③リスク資産 (CP・社債・ETF・REIT) 買入

(6) 成長基盤強化支援基金

1) 成長基盤強化の拡充 (2011.8-)

- 銀行 (新型融資・起業支援) → 日銀 (低利融資)
- 動産・債権担保融資、無担保融資、出資
- 無担保コール ON 物金利、原則 2 年、5000 億円

2) 貸出支援オペ (2012.12-)

- 銀行 (貸出増加) → 日銀 (低利融資)
- 銀行が貸出額を増やした場合、その増加額を
- 無担保コール ON 物金利、期間 3 年以内、上限なし

12. 異次元金融緩和

[1] 共同声明の発表 (2013.1)
・デフレ脱却・持続的な経済成長に向け、政府・日銀は政策連携を強化する。

(1) 日銀
・(日銀法) 物価安定→国民経済の健全な発展
・(共同声明) デフレ脱却＝持続的な経済成長→物価上昇率が高まる
　- 物価安定の目標を設定し、早期に実現→デフレ脱却

○なぜ 2%なのか
・消費者物価指数は上昇率が高めになる傾向
・「のりしろ」の確保
　- 潜在成長率＋物価上昇率＝景気に中立的な金利水準
・グローバル・スタンダード

(2) 政府
・機動的なマクロ経済政策 (第二の矢)、
　経済構造の変革→成長力・競争力に向けた取組 (第三の矢)
・日銀との連携強化にあたり、持続的な財政構造を確立することを約束

[2] 金融政策決定会合 (2013.4)
(1) 物価目標の設定
・物価安定の目標をできるだけ早期に実現する
・量・質ともに次元の違う金融緩和を行う

○相違点
・目途 (2012.2-) →目標 (共同声明)
・できるだけ早期に (共同声明) →目標達成時期の明言

(2) 量的・質的金融緩和 (Quantitative and Qualitative Monetary Easing)
1) マネタリーベース・コントロールの採用 (量的)
・金融市場調節の操作目標…マネタリーベース
・年間約 60 ～ 70 兆円のペースで増加させる

○銀行券ルールの一時的適用停止
・金融調節に伴う国債買い入れは、銀行券発行残高を上限とする (銀行券ルール)
・共同声明で政府が財政再建を約束→国債買入れは金融政策目的

2) 長期国債買入れの拡大と年限長期化 (質的)
・長期国債の保有残高を年 50 兆円ペースで増加させる
・買入れ対象は全ゾーンに
・平均残存期間：3 年弱→ 7 年程度

3) ETF、J-REITの買入れの拡大(量的)
- 資産価格のプレミアムに働きかける
- ETF…＋年1兆円、J-REIT→＋年300億円

4)「量的・質的金融緩和」の継続
- 物価安定の目標が安定的に持続するために必要な時点まで継続する

[3] 期待される効果と現実

(1) 支出活動の活性化
- インフレ予想→消費拡大→投資拡大→企業収益増・雇用者所得増→物価上昇→…
  - 消費伸び悩み・投資伸び悩み

(2) 金融政策の信頼性の向上
- 目標の設定→達成の成否は客観的に判断可能→金融政策に対する信頼高まる
- 目標の設定＝目標を超えるインフレ率は許されない＝ハイパーインフレの回避が可能
  - 目標の呪縛：物価目標未達成→追加緩和、物価目標達成→名目金利上昇→追加緩和

(3) 予想実質金利の低下
- 名目金利－予想インフレ率＝予想実質金利
  - ①預金・債券の利回り低下→リスク資産へ資金シフト→資産価格上昇→総支出拡大
  - ②円安＝輸出環境改善→設備投資増加→総支出拡大
  - ③①②→生産増→労働市場逼迫→賃金増→消費拡大→総支出拡大
  - 株価上昇(ただし外国人買い)
  - 銀行貸出増加(現預金増、不十分)
  - 輸出拡大効果は限定的

[4] 副作用と懸念

(1) 財政ファイナンス懸念
- 日銀の買入れ額＞新発債発行額
- 発行後1年以内の国債は購入しない→購入する
- 財政ファイナンス懸念→金利上昇・価格低下
  - (金利上昇放置しない)→追加緩和
  - (金利上昇を放置する)→評価損→日銀財務悪化

(2) 出口戦略
- 物価目標達成→出口戦略(①残高維持・②自然減少・③国債売却)
  - ①景気回復→金利上昇・価格低下→評価損
  - ②③需給悪化→価格低下・金利上昇→評価損
  - ②③保有国債残高減→収益減
  - 評価損・収益減→日銀財務悪化

13. バブルと金融政策

[1] バブル・リレー
<u>(1) 繰り返すバブル</u>
- 70s 中南米 (国家債務膨張) → 80s 日本 (信用膨張)
  → 90s アジア (信用膨張) → 90s-00s 米国 (信用膨張)

<u>(2) 過剰ドルの発生とその運動</u>
<u>1) 金ドル交換停止と赤字の拡大</u>
- 金ドル交換義務→為替安定＆景気対策不自由
- 金ドル交換停止→為替不安定＆景気対策自由→金ドル交換義務消滅→米国の対外赤字拡大

<u>2) ドル暴落を防ぐ周辺国の事情</u>
- ①周辺国政府：ドル安圧力→自主的ドル買い介入
- ②周辺国金融機関：過剰ドルを投資資金として活用→成長資金＆バブルの資金源

[2] バブルの誘惑
<u>(1) 性急な成長 (途上国)</u>
- [固定] 経済成長→輸入増加→貿易赤字→ドル高→為替介入
- [変動] 経済成長→輸入増加→貿易赤字＋ドル借り入れ→ドル高→経済成長持続
- 借金の膨張＞輸出の増加

<u>(2) 資産インフレ政策 (先進国)</u>
- 低成長→先行きへの期待低下→消費性向低下→財政政策の乗数効果低下→財政赤字膨張
- 資産インフレ政策→資産価格上昇→投資・消費拡大→経済成長
- (ex) 日本、米国

<u>(3) 金融立国 (先進国)</u>
- 輸入 (原材料) → 加工 & 輸出 (高付加価値製品)
- 金融商品販売 (低利調達) → 投資 (高利運用)
- (ex) 米国の金融資産バブル
- 金融商品組成・販売→サブプライム→金融商品組成・販売→サブプライム…

[3] バブルと金融政策
<u>(1) 論点</u>
   ①バブル抑制に金融政策を当てるべきか
   ②金利引上げに直接的な効果はあるか
   ③中央銀行単独でバブルは抑制できるか
   ④物価安定下で金利引上げの必要はあるか
   ⑤金融緩和に物価・経済刺激効果はあるか

(2) 2つの考え方
1) FRB View
・金融政策の目標は資産価格の安定ではない
・資産価格の上昇に金融引締めで対応すべきではない
・バブルに対応すべきは監督当局である
2) BIS View
・金融的不均衡に中央銀行は対応すべき
・経済成長の持続可能性を判断・対応すべき
・中央銀行と金融監督が協力・対応すべき
(3) 物価安定とバブル
　①物価安定＝生産性上昇→資産価格上昇
　②物価安定→長期金利低下→資産価格上昇→レバレッジ拡大
　③物価安定→長期金利低下→カネ余り→資産価格上昇
　④物価安定＋経済成長→期待の強気化→資産価格上昇
(4) バブル崩壊と金融緩和
　①大胆な金融緩和の必要性を認識できるか
　②大胆な金融緩和でデフレを回避できるか
(5) バブル抑制の難しさ
　①期待の強気化・弱気化は制御不能（人間性）
　②リスク管理技術には限界あり
　③バブル防止最優先の弊害
　④政治的・国際的制約があり（日本）
　⑤金融引締めが逆効果になることも（アジア・米国）

[4] バブル再発の可能性
(1) 金融立国路線の挫折
・00年代アメリカ金融立国路線→企業収益40%が金融産業
・バブルの主役＝投資銀行
・バブル崩壊→五大投資銀行「消滅」
(2) 救済策がバブルの火種に…
・財政出動・金融緩和・非伝統的な金融政策→銀行・投資銀行・国民の救済→パニック回避
・金融緩和・非伝統的な金融政策→株価回復→資産効果→経済・景気の底割れ回避
・金融緩和・非伝統的な金融政策→コモディティ・インフレ→景気抑制
(3) バブル再発の可能性
・バブルの反省→金融規制強化
・解消しないカネ余り＆バブルの誘惑→バブル再発の可能性
・カネ余りを抑制しないとバブル再発は防げない

金融機関論・政策論講義ノート　Version3

2015年3月10日　　初版発行

著　者　　松田　岳

定価（本体価格926円+税）

発行所　　株式会社　　三恵社
〒462-0056　愛知県名古屋市北区中丸町2-24-1
TEL:052(915)5211
FAX:052(915)5019
URL:http://www.sankeisha.com

乱丁・落丁の場合はお取替えいたします。
ISBN978-4-86487-345-1 C3033 ¥926E

学科	学籍番号					
学年	クラス	氏名				

質問・意見用紙

_____ 年　月　日

(blank lines)

1

学科	学籍番号					
学年	クラス	氏名				

質問・意見用紙

_____ 年　月　日

(blank lines)

2

学科	学籍番号					
学年	クラス	氏名				

質問・意見用紙

_____ 年　月　日

(blank lines)

3

学科	学籍番号					
学年	クラス	氏名				

質問・意見用紙

_____ 年　月　日

(blank lines)

4

学科		学籍番号						
学年	クラス	氏名						

質問・意見用紙

_____ 年　月　日

_____

_____ 5

学科		学籍番号						
学年	クラス	氏名						

質問・意見用紙

_____ 年　月　日

_____

_____ 7

学科		学籍番号						
学年	クラス	氏名						

質問・意見用紙

_____ 年　月　日

_____

_____ 6

学科		学籍番号						
学年	クラス	氏名						

質問・意見用紙

_____ 年　月　日

_____

_____ 8